JOSEF STEIDLE

So is as Lebn

VERLAG R.S.SCHULZ

8136 Percha am Starnberger See, Berger Straße 8 bis 10
8136 Kempfenhausen am Starnberger See, Seehang 4

Einbandentwurf: Typobild Günter Becker
Grundschrift: Linotype Garamond-Antiqua
ISBN 3-7962-0106-7

Inhaltsverzeichnis

Vorwort

Lacha, schmunzeln und sinniern,
's boarisch Herz dabei verspürn,
ehrlich g'frein an unsrer Sprach
sollts Eich, nacha waar's a Sach.
Denn dann wißat i halt gwiß,
daß as Büachal recht wor'n is.
Und mehr wollt i aa gar net,
als daß jeds a Freid dro hätt.

Josef Steidle

So is as Lebn

Manchmal da is as Lebn so laar,
grad so, wia wenn koa Sinn drin waar.
Dann wieder is 's voll Freid und Muat
und alls is bloß no schö und guat.

So is 's im Lebn, diam obn, diam unt,
woaßt net warum, kennst net den Grund.
Und wennst aa no so nachstudierst,
und wennst aa drüber grantig wirst,

es hat koan Sinn, du kimmst net drauf,
so is amoi der Lebenslauf.
Diam oane 'nauf, dös is ganz guat,
sonst packat oan der Übermuat.

Und drunt net jammern. Greif frisch o,
de andern gehts genau a so.
Und schick di net, wenns auffe führt,
denn drobn – du woaßt – kriagst oane gschmiert.

Sei gscheit

Hast an Streit mit de Leit,
macht as Lebn gar koa Freid.
Drum is gscheit, du streitst net,
wenns bloß irgendwia geht.
An Infarkt, den hast glei,
mit der Rumstreiterei.

Wenn ma woiadn

Wenn ma woiadn,
kaant ma.
Wenn ma kaantn,
taama.
Wenn ma taan,
gaangs auf.
Wenns aufgaang,
gaangs zua.
Weil ma aber net meng
wenns zuagaang,
woin ma ned, –
aa – wenn ma kaantn.

Des mögn mia

Des mögn mia; kemma, recht gscheid re'n
und schimpfa übern Münchner Föhn
und daß dössei und dös nix waar
in Bayern – und in München gar.
Aber z'Greawoid a Haus hibaun,
mit Schwimmbad und an eisern Zaun.
Und nia mehr wegziang, net ums Steam,
weils halt so schö is und so zeam.
Da siecht ma wieda, wia de san, –
kaanst eahna da net oane straahn?

Dauernd müad sei

Dauernd müad sei, oiwei schlaffa;
doch statt in der frischen Luft rumlaaffa,
in a Wirtshaus einehocka,
Zigarettn raucha und tarocka
und dann schimpfa – wenn ma Kartn mischt,
daß ma zwenig Sauerstoff dawischt.

Schwimma statt Wattn

Wenn a Bsuffna in d'Isar neifoid
und as Wasser is tiaf und saukoid
und da Bsuffne der ko ned schwimma,
ja nacha werds wahrscheinle stimma,
daß er dasauffa muaß oder dafriern.
Und vielleicht schiaßts eahm no schnell durch sei Hirn:
Jetzt waar halt dös doch net dös Dümma,
i kaant statt'm Wattn as Schwimma.

Da glang i scho

Wenn in der Früah der Wecker läut –
und d'Frau sagt: »Auf, es is soweit.
Mach zua, sunst fahrt der Bus davo«,
    da glang i scho.

Wenn oana recht gscheit tuat und redt
und alles kon und alls vasteht,
dawei is hint und vorn nix dro,
    da glang i scho.

Wenn i am Sonntag nachmittag
a oa, zwoa Stünderl schlaffa mag
und unogmeld'ter Bsuach kimmt o,
    da glang i scho.

Wenn d'Frau mit mia spazierngeh möcht,
i ziahg mi o, wia i grad möcht;
sagt sie: »Was hast denn wieder o?«
    da glang i scho.

Wenn oaner von drobn runterkimmt
und s'Mäu aufreißt, was ois net stimmt,
kriagt dann an Posten und schafft o,
    da glang i scho.

Wenn d'Sonna scheint, de ganze Woch'
und Zeitung schreibt: »Es bleibt das Hoch«.
Und 's fangt am Samstag 's renga o,
    da glang i scho.

Wenn i mi gfrei auf Volksmusik,
auf Landler, Marsch, an etli Stück;
und bringa s' Beat im Radio,
    da glang i scho.

Wenn i oft moan, i kaant no z'reißn
ois zamm und kriag im Kreuz as Reißn
und sagn de Junga: »Schaugts'n o«,
    da glang i scho.

Vor ana großn Dreeglagga

Vor ana großn Dreeglagga
taats mi oft direkt opacka.
Da möchat i dann wia als Bua
barfuaß – in meine Händ die Schuah –
neisteign und d'Zechan rolln und schaugn
wias Welln schmeißt, 's Gwaasch, dös taat mia taugn.
Und wenn i wißat, daß neambd kaam,
glaab i, daß i de Zeit mir naahm
und drinna in der Lagga bleibat,
bis oaner kaam, der mi vertreibat.
Und taat mi der dann überraschen,
na sagat i: »I tua bloß naschen
a bißl von der Buamazeit.«
Hat er a Herz und is er gscheit,
na steigt er nei zu mir in d'Lagga
und laßt sei Arbat einfach flagga.
Dös macht so frei und unbeschwert,
wia sich für d'Buamazeit dös ghört.
Und Ärger, Kummer san verflogen,
koan Arzt brauchst und koan Psychologen.
Und in der Zeit wo Zechan spuin
im Gwaasch, und Dreeg und Stoana fuin,
werd ma um vierzg, um fuchzg Jahr jünger
und alls erscheint auf oamoi gringer.

Was so a Lagga net alls ko!
Dös nächste Mal wenns rengt, denkts dro.
Schenierts eich net, steigts ruhig nei
und laßts as Hetzn a weng sei.
Und wega dem Katarrh, halts 's Mäu:
der is in acht Tag aa vorbei.

Z'tiafst im wuidn Westen

Da Winnetou dös is da Franzä
und i bin der Old Shatterhand,
der Metzger Kare, dös Trumm Gschlansä,
Old Firehand, den jeder kennt.

Die Isar is der Schlangen-river
und ois a echter Marterpfahl
da deant de oide, dürre Kiefer
beim Brunnbach drenten, im Grüntal.

Da bind ma na an Santer one,
weil der doch d'Nchotschi umbracht hat.
Der Santer is der Reiser Tone,
(er is auf Bsuach da, von der Stadt).

Mia Oberdorfler san d'Apatschn
und 's Unterdorf Komantschen-Bruat.
De kriang auf alle Fälle Watschn,
weil mia san stärker und ham Muat.

Wenn mia an Gegner uns hischleicha,
's Gras in de Haar, an Strick im Mäu,
na samma aber ehrlich z'scheicha,
und bis s' uns sehng, is ois vorbei.

Bis s' umschaugn, ham mias packt und gfesselt,
koa oanziger roast uns davo,
alle mitnand hats dann dabräselt,
d'Apatschen kon halt koana o.

Gebn s' auf und sagns: »Ihr seids die Größten«,
dann zündt ma d'Friedenspfeiffa o
und wissen, daß 's im wuidn Westen
net recht vui schöner gwen sei ko.

Beim Klassentreffen

Wenn ma jetzt zur oidn Kramerin laaffatn
und wia vor vierzg Jahr an Waffebruch kaaffatn!

Alle mitnanda, de ganz Klaß, dös waar fei a Geld
für d'Kramer-Res, i glaab, daß 's an fünf Mark net vui fehlt.

Narrisch gfrein taat sa se, Kramer-Tant – dös woaß i gwiß.
Schad, daß s' scho lang nimmer hinter der Ladnbudl is.

Zeitlang nach'm Gebirg

Diam, siech i vo dahoam 's Gebirg,
passierts, daß i so Zeitlang kriag,
daß i an Rucksack vürizaar
und denk: Wenn i bloß drinna waar!

I woaß net, obs eich aa so geht;
i hab koan andern Einfall net
als wia: Jetzt möcht i droben sei –
und 's ganze Bayernland ghört mei.

I bin dann grad als wia a Weps
und nirgendswo paßt mir no ebbs.
I siech mi scho am Gipfe steh
und wo i hischaug, is's halt schö.

Daß oan dahoam dann nix mehr gfreit,
dös Schönste kaam mehr was bedeit,
dössell wohl bloß der oa vasteht,
dem's ganz genau wia mia ergeht.

Und ruhig wer i erst und klar,
wenn i entweder einifahr
oder as Weda dös werd schlecht,
– dann is's dahoam aa wieder recht.

I gaang ja net

I gaang ja net, net um vui Geld
von München weg und naus in d'Welt.

Es kon scho sei, daß 's auf Hawaii
ganz schö is und as Lebn recht frei.
Wahrscheinlich aa in Rio drent,
wenn ma de Leit und d'Sprach guat kennt.
De oan möchten nach Mexico
oder glei gar nach Borneo.
De andern woin in Thailand lebn,
taan woaß God was dafür hergebn.
Vui san in Teneriffa drunt,
ham Häuser, Gschäfta und an Grund.
Dann wieder oa möchtn z'Manila
gern wohna in a Mordstrumm Villa.
Woanders woin halt d'Leit gern sei!
Als waars bei uns net wirklich fei.

Mi druckt as Lebn woanders net.
Dös geht scho o bei mir mi'm Bett.
Mei Bett dös is mei halbats Lebn,
wer kon mas denn z'Hawaii drübn gebn?
Dann hab i gern Kastanienbaam
und daß a Schafkopf gaangat z'samm.

I mag an Mairegn, Hagelschauern,
möcht Münchner Maurer sehng beim Mauern.
De kalte Sophie gaang ma ab,
obwohl i s' bei uns gstricha hab.
Vom Nockherberg gar net zum re'n;
mia fehlert – lachts no – aa der Föhn!
A Tannawald, s'Vieh auf da Woad
und d'Felder, obaut mit am Troad.
A »Grüaß di God« hörat i koans
und boarisch re'n müaßt i alloans.
Koan greana Markt kaant i mehr bsuacha,
nimmer aufs Münchner Weda fluacha.
Kaam d'Wiesenzeit daher, i schwörat,
daß i bestimmt trüabsinnig werat.

Was mia ois abgaang, net zum sagn!
I taat as Furtgeh nia vertragn.

Drum gaangat i net um vui Geld
von München weg und naus in d'Welt.

Fünf Maß im Schatten

Koana kons heit mehr dawarten,
bis a sitzt im Wirtshausgarten.
Oa Maß, zwoa Maß, drei Maß – und –
vier Maß packa s' in zwoa Stund.
Lineburger und Radisal,
Handwürst und a Brot – a bissal,
essen s' – und dös is dös Schöna –
bloß, – daß s' mehra trinka könna.
Ham s' dann fünf Maß owelaßn,
sehng s' fliagade Untertassen
und de Welt kimmt eahna vür
wia as Paradies. Ja, 's Bier!
Wenns dann spaat nachts hoamwärts wackeln,
junge Madl, oide Dackeln,
na san si sich alle klar:
Solche Stunden de san rar.

Unter am Kastanienbaam
etli Maß, dös derfts ma glaam,
is dös Höchste was i woaß,
wenns recht schwui is oder hoaß.

Der Meier Hias

Meier Hiase war sei Nama
und er war a seltens Viech,
scho ois Bua hat er beim Krama
damisch ghaut an Bienastich.

Später bei der Firma Bauer
hat er Gselln und Moaster pflanzt
und war er amoi recht sauer,
wochenlang oft d'Arbat gschwanzt.

Aber bei de saubern Madeln
war da Hiase Kavalier.
Erster war er beim Eifadeln
und verlegen war er nia.

Unterm Kriag war er da Putzer
von am Jager-General.
Doch da Hias war Revoluzzer
und desweng a bsondrer Fall.

Weil er z'oft sei Mäu aufgrissn
gegan Kriag und gega's Steam,
hat in Straftrupp er neimüassn
und dös war für eahm net zeam.

Doch der Hias hats überstanden.
Nach'm Kriag hat er – und wia –
schwarzghandelt in allen Landen,
vom Schoklad bis zum Klavier.

A paar Jahr hats ja scho dauert,
doch dann war dös Gschäft vorbei
und da Hias hat wieder gmauert
– guat bekannt der Polizei –.

Hat beim Soller, hat beim Schwana,
jeden Tag sei Quantum packt,
und sich dann mit seina Fahna
in a Unterkunft neigflackt.

Dös is scheints fürn Hias nix gwesn
und für d'Leber wars verkehrt,
denn heit mittag hab i glesn,
daß er morgn beerdigt werd.

Wia i's lies, siehg i an Hiasn
vor mir in der ganzen Läng,
lacht – und streckt mir einen süaßn,
gstohlnen Bienastich entgeng.

Der Gichtzecha

An Karl sei Zecha is ogschwolln.
Der linke, große is 's. »O, mei,
der Deife soll doch glei alls holn.
I kimm ja in koan Schuah mehr nei.«

So klagt der Karl beim Arzt. Und der,
der hat die Sach glei kennt und gricht.
»Ab heit trinkst ma koan Tropfa mehr
Schnaps, Bier und Wein, denn du hast Gicht.«

Dös war fürn Karl a harter Schlag.
»Was is denn dös no für a Lebn?
Wo i grad 's Bier so narrisch mag,
da derfat i koan Kruag mehr hebn?«

An Karl huift 's ganze Masseln nix,
da Zecha tuat eahm sovui weh.
Er fluacht vor lauter Wuat: »Ce-fix«
und trinkt a Wasser und an Tee.

So geht dös Gspui drei Monat lang,
der Zecha schmerzt no allerwei;
da werds an Kare z'dumm. »I glang«,
sagt er, »i laß'n schnei'n – und glei.«

Er geht in d'Klinik zum Professa.
Der schaugt und sagt: »Vor guat zwölf Wocha,
da war der Zecha gwiß no bessa,
denn bald drauf ham S'n Eahna brocha.«

Der Karl, der moant er hört net gscheit.
»Was sagn Sie? Brocha und koa Gicht?
Ja, wissen Sie was dös bedeit?
Zwölf Woch' hab i aufs Bier verzicht!«

Er zählt im Geist sofort die Maßen,
(mit einer Wuat und voller Grant)
de wo er alle steh hat lassen.
Dreihundert hat er glei beinand.

»Sie san der Höchste, Herr Professa,
jetzt gfreit mi 's Lebn erst wieda. Mei!
Jetzt schmeckt mia d'Maß no vui, vui bessa –
Und de vasaamten – bring i rei.«

Benes letzter Wiesntag

Vier Wiesnmaß trunga,
an »Böhmerwald« gsunga.
Fünf Schelln kriagt beim Raaffa,
a guate Stund gschlaffa.
Im Hippodrom gritten,
glei wieder recht gstrittn.
An Hasn aufgrissn,
koa bißl schlechts Gwißn.
Um zwölfe auf d'Nacht,
den Hasn hoambracht.
Fast drei Flaschen Sekt
mit eahm zammagschleckt.
Grad aufglegt zu mehra,
sagt er: »Jetzt horch hera!
Für di is des Gscheida,
du schleichst di, mach weida!
Mei Mo kimmt jetzt nacha
glei hoam. Du werst lacha.
Wenn der di dawischat,
wia der di aufmischat.«
Der Bene glei weg.
Wer mag denn scho Schläg?
Beim Taxi zahln wolln
gmerkt, Briaftaschn gstohln.

Dös war bloß der Has!
Doch mach dagegn was.
Er kon nix beweisen
und neambd derf was gneißn.
Der Bene is wuate.
»Dös oanzige Guate«
sagt er, »dös is ganz gwiß,
daß d'Wiesn jetzt gar is.
So kimmt der Verlust mir
net gar a so schwaar für.

In d'Zukunft nei, i woaß's,
so wahr i Bene hoaß:
I trink liaba sechs Maß
und schlaf mi aus im Gras,
als daß i mit am Has,
's Oktoberfest verlaß.«

Ma sollt oiwei wissn,
was ghört zu der Wiesn.
A Bier und a Musi,
koa Weiberts, koa Gspusi.

Und liaber a Hepfa
als 's Geld zwickt a Schnepfa.

I kon nix dafür

(I bin fürs Bier)

I kon fei wirkli nix dafür,
i mags halt oafach gern, as Bier.
I trink koan Schnaps, koan Wein, koan Sekt.
I woaß net, daß mir's Bier so schmeckt.
I trink koa Cola und koan Saft.
Bloß Bier. Wenn dös so nunterlaaft,
na fui i mi als wia a Graf.
Und 's huift mia oiwei aa für'n Schlaf.
Gar nia nimm i a Schlaftablettn.
Sechs Halbe Hells – und ihr könnts wettn –
na ruasselt i, net zum dawecka,
's is bessa wia Tablettn schlecka.
In Urlaub wenn i bin, drei Tag
kon sei, daß i an Wein vatrag.
Dann muaß a Halbe Helles her,
sunst is's für mi koa Urlaub mehr.
Und dann beim hoamwärts fahrn
kons i schier nimmer gra'n.
I siehg mi mit a frischen Maß
und einem Scherzl Leberkaas
und denk, i gaabat gern dafür
a Wocha vo meim Urlaub her.

So narrisch gern mag i as Bier.
Und 's gibt oa, de vastehngas nia.
I aber woaß dössell ganz gwiß,
daß 's Bier dös höchste Trankerl is.

Taxifahrt

Fahrt net neilings mit a Taxe
hoam der Sindelfinger Maxe.
Hat zwoa Zentner achzge Gwicht
und an Fetzen Rausch im Gsicht.

Wia er aussteigt hat's 'n draaht
und an Randstoa onegwaaht.
Net um d'Welt kimmt er in d'Höh,
findt aa net sei Portmonnä.

Desweng g'langt der Taxameter
– denn ganz gern sei Fahrgeld hätt er –
eahm in d'Taschn und möchts holn,
moant, er taat am Max an Gfalln.

Kaam hat dös der Maxe gspürt,
hat er eahm a Saubre gstiert –
Und hat gsagt: »Jetzt konst di schleicha,
sunst nimm i di richtig z'leicha.

Und dann hol i de Polente –
– I moan sowieso, de kennt de –
und werd eahna sagn, du hättst
s'Geld mia gstohln und mi verletzt.«

Für den Taxa – ohne Frag –
war dös scho a bläde Lag.
Drum denkt er: »Was solls denn scho?«
Und fahrt mit sei'm Karrn davo.

Z'friedn schaut der Maxe nach.
Auf amoi is er hellwach.
»Achtzehn Mark hätt d'Fahrt scho kost.
Sechs Maß Hells sans, Maxe: Prost!«

's Rechtschreibn hat an Deife

's Rechtschreibn, Freind, dös hat an Deife,
früaha war i wirklich guat.
Heit, da hab i öfter Zweife,
manchmal bringts mi glatt in d'Wuat.

Schreibt ma jetzat Griaß mit oam »s«
oder doch vielleicht mit zwoa?
Schreibt ma Mesner net mit zwoa »s«
oder glangt oa »s« alloa?

Muaß ma net an Beistrich setzen
oder ghört a Strichpunkt hi?
Glei z'reiß i den Briaf in Fetzen!
Schreibt ma Protz mit hartem »pi«?

Tua i jetzt den Satz in Klammer?
Mach i an Gedankenstrich?
Schreib i 's ausananda, zamma?
's Rechtschreibn, dös is fürchterlich!

Stimmt a »F« bei Vaseline
oder ghört a »Vogel-Vau«?
Und wia schreibt ma Glasvitrine?
Sans zwoa »l« bei Hallertau?

Hoaßts jetzt der oder das Teller?
Hab i an oder a Schneid?
Is der Butter doch a Fehler?
's Rechtschreibn is ehrlich dafeit.

Schreibt ma Picknick mit zwoa »Ce-Ka«
oder vielleicht »hinten« bloß?
Und wia schreibt ma nacha Mekka?
Schreibt ma prost kloa oder groß?

Schreibt ma Brezen net mit »tezet«?
Braucht ma zwoa »a« fürn Pottwal?
Wia schreibst Garten-, wia schreibst Flußbett (beet)
und wia schreibst »zum ersten Mal«?

Trennt ma Mag-net oder Ma-gnet?
Trennst war-um oder wa-rum?
's Rechtschreibn macht mi doch no ganz bläd.
Wia trennst glei Panoptikum?

's Gscheidst' werd sei, wenn i so nachsinn,
i tua alls stenographiern
oder meiner Sekretärin
in d'Maschin einediktiern.

Wenn s' mir dann den Briaf beflissen
vorlegt, korrigier i'n scho.
Wichtig is bloß oans: Dös Wissen,
daß ma sich verlassen ko.

Liaba net z'gscheit

I bin gern mit recht Gscheide zamm,
vorausgsetzt, daß s' Charakta ham
und Herzensbuidung und a Gfui;
(dazu braucht ma koa Oberschui).

Doch hams dös net, muaßt Obacht gebn,
de könna gfährli wern im Lebn;
denn de sinniern oft Sachen aus,
de san für andere a Graus.

Da bin i liaba dann mit Leit
beinanda, die net ganz so gscheit;
hams nur a Herz, an frohen Sinn,
dann san die Stunden a Gewinn.

Was ma ois siehgt

Was ma ois siehgt, wenn ma gscheit schaugt,
was ma ois macht, wenn oan was taugt.
Was ma ois hört, wenn ma hihört,
was ma ois fuit, wenn oan wer wert.
Was ma ois denkt, wenn ma nachdenkt,
was ma ois gibt, wenn ma was schenkt.
Was ma ois tuat, wenn ma oan mag,
was ma ois nimmt, ohne a Frag.
Was ma ois kon, wenn ma sich gfreit,
was ma ois hat, wenn ma net streit'.
Was ma ois kriagt, wenn ma sich plagt,
was ma ois redt, wenn ma vui sagt.
Was ma ois woaß im Lauf der Zeit.
Aber ma werd – trotzdem net gscheit.

Da is nadierle alls verlorn

Wenn nadierle der oid Riadhofer
von Oanöd aa scho erklärt,
daß as Tarocken scho lang sei Hobby is,
na gibts oan ois Altboarn glei direkt an Riß.
Und denkst dir: Was is dann de
boarische Sprach überhaupts no wert?
Wenn der aa scho von Hobby redt, na
is nadierle alls verlorn.
Und gscheiter waar's, der Riadhofer waar
glei z'Amerika geborn.

A Hand sich gebn

A Hand sich gebn, in d'Augn sich schaugn,
wenn ma sich trifft, dös sollt oan taugn.

Da spürst as Dasei, spürst as Lebn.
Drum schaug in d'Augn, schaug net danebn.

Und druck de Hand, du woaßt ja net,
wia lang as Schaugn und Spürn no geht.

Münchner Omnibusfahrt

Neilings steigt im Bus nach meina
a buidsaubas Madl eina.
Glei sympathisch, glei a Schwarm.
Ja, was hat s' denn da im Arm?
Da schau her, a Negerbua!
Ja, wia geht denn dö Sach zua?
Grad denk i: Wiaso jetzt dös,
schreit scho oane, laut und bös:
»Dös is d'Jugend heitzutag,
de in allem tuat was s' mag.
Fürchten taat i mi. I naahm
glatt as Lebn mia, wenn a Schwarzer kaam.«
Da sagt neba mia a oida
Münchner ruhig – und dös gfallt ma:
»Wei, werd ma vor Angst net blaß.
Dir tuat gwiß koa Schwarzer was.
Außerdem, bloß daß d'as woaßt,
is dös eine Frau und hoaßt
Brown. Ihr Mo der is Professa
und als Arzt der Allerbessa
denn i kenn im ganzen Gäu.
Gell, jetzt reißt as auf, dei Mäu!
(Übrigens: I möchat glei
der ihr Negerdoktor sei).«

Ham de Leit da glacht und gschrian.
Doch dös Weiberl hat de Stirn
und erwidert frech und laut
(wia sa se no grad so traut):
»I mach glei mit dir a Wett,
di möchts aa ois Schwarzer net.
Da braucht ma a anders Gsicht
und koan Zentner neinzge Gwicht.
Und a Buidung muaß ma ham,
sonst geht nix mit dera zamm.
Mit so vui Gewöhnlichkeit
hat a so a Frau koa Freid.«
Sagts und weil der Bus grad halt',
is' s' scho drauß, ohne daß s' zahlt.
d'Leit im Bus zoagn zwischenzeitle
eahna Sympathie ganz deutle
der Professor-Frau mit Kind;
scho, weil ma dös selten findt.
Und ma sorgt, daß sie sich setzt,
denn man hat s' ja sehr verletzt.
Sie is rot, bis über d'Ohrn,
und scho recht verlegen worn.
Bei der nächsten Haltestell,
steigt sie aus und zwar ganz schnell.
Aa der Münchner is ausgstieng
grad wia i – am Mittlern Ring.
d'Frau Professor siehgtn glei,
is sofort bei eahm hibei
und i hör, wia sie eahm leis
sagt: »Ich danke Ihnen heiß.

Sie sind echt ein Kavalier
und war'n großartig zu mir.
Warum habn Sie bloß die Gschicht
so gekonnt für mich erdicht?
Denn Sie wissen es doch besser,
ich bin keine Frau Professor.«
Da lacht sie der Münchner o
und er sagt:
»Schaun S' her, i ko
sovui Bosheit net vertragn.
Und dann wollt i oans no sagn;
ja, i wollt, daß 's jeder spannt:
d'Münchner san doch tolerant.
Soll sich doch a jeds für sich
kümmern, dös glangt sicherlich.
Und dann: I hab Eahna gsehng,
ogschaugt und am Schlag glei mögn.
Und mia denkt: Ko sei wia's mag,
schlecht warn Sie no net oan Tag.
Und für d'Liab kon koana was;
wichtig is der Mensch, net d'Raß.«
Da gibt sie dem Münchner Rußl
ganz spontan a herzhafts Bußl
und sie sagt: »Sie sind so lieb,
daß ich gern Aufklärung gib.
Sehn Sie, ich bin Kinderschwester
und hab auch schon drei Semester
Medizin, denn ich möcht gern
eine Kinderärztin wer'n.
Jetzt fahr ich den Negerwaisen

in die Klinik Dr. Eisen.
Ihnen aber sag ich ehrlich,
so ein Mann wie Sie wär herrlich.
Tolerant und lieb und fein.
Leider aber kann's nicht sein,
denn Sie könnten, wie ich mein',
sicher leicht mein Opa sein.
Sind Sie mir nicht bös. Gewiß
ist, daß ich Sie nie vergiß.«
Druckt eahm d'Hand, schaugtn liab o –
und scho is s' mi'm Kind davo.
Momentan kon er nix sagn,
a dumms Gfui spürt er im Magn.
Staad und traurig steht er da.
»Ja, dös Madl is mir nah.
Vierzg Jahr jünger wenn i waar,
gaang's jetzt o, waars net scho gar.
›Opa‹ is zwar scho ganz hart,
wenn ma se so arg vernarrt.
Aber bös bin i dir net,
i vasteh s' ja guat, dei Red.
Oans is mia dabei ganz klar,
wenn dös vor vierzg Jahr gwen waar,
hätt i gwiß im Bus nix gredt,
denn da war i no vui z'bläd.
So gsehng bin i trotzdem froh,
daß mia jetzt, als oida Mo
dös passiert is, denn dö Freid
dauert no a lange Zeit.
Und wem hab i 's zum vadanka?

Ihr, der ganz der bösen Zanga,
de im Omnibus der Stadt
's Madl glei so schlecht gmacht hat.
Gelts Gott, Oide, aus'm Bus,
dir verdank i aa den Kuß
und d'Erinnrung an an Tag
den i gern in mir rumtrag.
Wieder amoi woaß i gwiß,
daß im Lebn ois Schicksal is.«
Sagts und winkt ihr nomoi zua.
Aber sie is mit'm Bua
scho verschwundn, 'num ums Eck.
Er steht no a Zeit am Fleck,
wischt sich über d'Augn und geht.
– Ja, im Lebn kimmt manches z'spät. –

Mia und unser Hund

Is der Hund krank,
san ma aa krank.
Is der Hund gsund,
san ma aa gsund.
San mia krank,
is der Hund deswegn net aa krank.
San mia gsund,
is der Hund aa gsund;
oder krank, wenn er's grad is.
Dann san mia wieder krank.
So san mia und unser Hund.

De drei Spezln

Hans und Martl san zwoa Freind;
zammagschworn, oiwei vereint.
Koana mag alloa was toa,
oiwei san s' beinand, de zwoa.
Von der Fruah bis spaat in d'Nacht
werd vo eahna d'Arbat gmacht
wia's sich's ghört und wia ma's möcht.
Dö zwoa, ja dö zwoa san recht.
Mögn tean 's ses im ganzen Gäu –
de zwoa Roß vom Angerbräu.
Eahna Fuhrmo is der Jakl,
groß und broat, a Mordstrumm Lakl;
hat as Herz am rechten Fleck,
kennt koa Schimpfa, koane Schläg.
Alles werd mit Ruah und Gmüat
opackt und aa weitergführt.
Zwischen Jakl, Hans und Martl
brauchats überhaupt koa Wartl.
So verstehnga sich de drei.
Sowas gibts net allawei.
Trotzdem tean s' mitnand dischkriern.
Net grad z'vui, doch kon ma spürn,
mit an Gfui, mit Herz werd gredt
– und nix Überflüssigs net.

Wenn der Jakl in der Früah
eispannt, sagt er net glei: »Wüah«;
sondern fragt s': »Wie habts'n gschlaffa?
Buam, heit müaßts fei weit rumlaffa.
Aber dreimal kehrn ma ei,
denn was sei muaß, dös muaß sei.«
So a Gspraach, dös laßt sich hörn.
Und drum gehnga s' aa so gern.
Z'friedn nickt der Hans mi'm Kopf.
Und der Martl gar, der Tropf
wiehert voller Freid und schnaubt,
daß glei s'Stroh fliagt und daß's staubt.
Dann fahrn s' eahn're Faßln aus,
hi zur »Post«, zum »Adler« naus.
Nunter bis an »Greana Baam«,
naufzua, hi, zum »Goldnen Lamm«.
Bei der »Traube« und beim »Stern«
mogn s' as Dunkle bsonders gern.
Und der Wirt »Zum Scharfen Eck«
nimmt drei Banzen Helles weg.
s'Bockbier kriagt wia allawei,
fast alloa der Oberbräu.
So verteilt der Jakl 's Bier,
stemmt die Faßln – übers Knia.
Leere, volle, wia ma's braucht.
Derfts net moana, daß'n schlaucht.
Kümmert sich dazwischen bloß,
wia's sich's ghört, um seine Roß.
Gibt eah Hafer und was z'trinka,
schließlich is ma ja in Minga.

Dös werd von eahm nia vageßn.
Erst danach geht er zum Essen.
Ham s' dann eahna Tagwerk do,
redt da Jakl de zwoa o:
»Fleißig warts, wia allawei.
Mia bleibn scho beinand, mia drei.«
Dann gehts z'ruck zum Bräu, in Stall;
umgschaugt werd koa oanzigs mal.
Stolz und sicher sitzt da Jakl
auf'm Bock, glangt in sei Sackl
und nimmt sich a zeame Bris,
weil da Schmai halt so guat is.
Wias dahoam san greift da Jakl
schmunzelnd nomoi in sei Sackl,
holt a Handvoll Würfelzucka
raus, weil s' den halt so gern schlucka.
Und er moant: »Freit mi mei Schmai,
solls für d'Roß der Zucker sei.«
Dankbar schaugn s' und wissen gwiß,
daß der Mo der Beste is.
Trotz der Müah und trotz der Plag
san sie glücklich, ham koa Klag.

So schö kon a Tag im Lebn
sei, hat ma a Freid sich gebn.
Und – wenn ma net denkt ans Geld,
sondern z'friedn is auf der Welt.

Aah! Desweng!

Ja, was hat denn jetzt der Heiter?
Warum geht er denn net weiter?
Is er vielleicht z'müad, der Gaul,
oder zum Marschiern scho z'faul?
Oder is dös arme Pferd
krank und gar durch Schmerzen gstört?
Ja, was is denn los mi'm Roß?
Aa – soo! Miassn tuats ja bloß!

Beim Schifahrn

As letzt Mal ham s' mi überredt
zum Schifahrn – und i war so bläd.
»Dös tuat dir amoi guat, werst sehng!
Bewegung, Luft! Denk doch a weng«,

ham's gsagt. Und mi hat's wirkli druckt.
Drum hab i weiter nimmer gmuckt,
hab d'Schwartling raus, de oidn Schuah –
und furt is ganga in der Fruah.

Na sanma auffe – mit'm Lift.
Jetzt muaß i sagn, was mi betrifft,
i fahr halt wuid, i fahr net klasse,
i fahr halt grad so mittelmaße.

Solang der Schnee guat is, gehts guat,
doch is er boane, schwitz i Bluat.
Und erst wenns steil werd, na is gfehlt,
wias mi da oiwei einestellt!

Knia fanga dann as Zittern o
und alle müassn aus der Boh.
Und greißle blaß wer i – ganz kaase.
Wia gsagt, i fahr bloß mittelmaße.

Der eigne Stil den wo i fahr
is selba glernt vor guat vierzg Jahr.
Mei Bua sagt zwar i waar a Fall!
Doch nunter kimm i überall.

Jetzt, daß i dös vazähl, der Tag,
der war für mi koa kloane Plag.
Denn boane war's und d'Abfahrt steil.
Und tausend Buckeln drin – Schi Heil!

A paarmal hat's mi sauber gschleidert.
Aber net oamoi hab i gmeitert.
Am Gipfe bin i weg – ganz drobn.
Beim ersten Buckl hat's mi außeghobn.

Und oneprellt mit einem Schuß –
drei Wocha hab i 'n gspürt den Bluaterguß!
d'Stahlkantn ham am Schieboa gwetzt,
d'Hosn war hi, doch i war net verletzt.

Beim Abefahrn ham Knia mia gschloddert
und drunten war i ganz dadadert.
Doch 's Saunabad hab i mir gspart!
A so a Abfahrt dö is hart.

A dutzendmal hat's mi scho gschmissen.
Und's Kreiz hab i mia zeam verrissen.
Doch d'Freind – de mit de Schuah in Plastik –
ham gsagt: »Dir fehlt bloß d'Schigymnastik.

Moderne Schi und neue Schuah,
an neuen Schianzug dazua,
dann gehts wia früher aa, ganz gwiß.«
Doch i moan halt, daß doch mei Alter is.

Und denk, i laß de andern renna,
de Junga und de's besser könna.
I kon mi guat ans Fernsehn gwöhna.
Dös is in mei'm Fall wirklich schöna.

Net alle

Net alle, de recht freindlich tean, san Freind,
net alle, de streng dreischaun, san oan feind.
Net alle, de a Plattn ham, san gscheit,
net alle, de recht ogebn, ham a Schneid.
Net alle Autofahrer könna fahrn,
net alle Redner reden an Schmarrn.
Net alle Musikanten ham a Gfui,
net alle tean, was grad der andre wui.
Net alle de Politiker tean liang,
net alle ham Freid, wenns Kinder kriang.
Net alle, de a Biß ham, könna beißn,
net alle, de an Gamsbart tragn, san Preißn.
Net alle Schlamperl san aa gschlampert,
net alle Bierdimpfe san gwampert.
Net alle Humoristen ham Humor,
net alle Frauen macha oan was vor.
Net alle leichten Mädchen san aa leicht,
net alle genga gern zur Osterbeicht.
Net alle san so bläd wia i,
und schreibn an solchan Schmarrn dahi.

Öfter merkt ma's jetzt

Öfter merkt ma's jetzt am Gringsten,
mia san nimmermehr de Jüngsten.
Fangt a Lüfterl o zum Blosen,
brauch ma de lang Unterhosen.
Scho bei drei, vier Halbe Helle,
kriagt ma einen dummen Belle.
Woaßt net wia, hast Rheumatismus,
und es schmerzt oan der Meniskus.
Spätestens beim Rindfleisch beißen
wiß' ma, daß mia nix mehr z'reißen.
Siehgst auf d'Näh nimma, auf d'Weiten,
»früher«, sagst, »war'n bessre Zeiten.«
Pfauchst beim Schuahbandleimacha
wia a Tiger, wia a Dracha.
Statt zum Schifahrn gehst zum Wattn,
schaugst in Spiagl, siehgst dei Plattn.
Rengts morgn oder gibts an Schnee,
tean dir heit scho Boana weh.
Statt a Gaudi magst dei Ruah,
kimmt was Neu's, hast scho glei gnua.
Schaugst im Fernsehn bloß mehr no
Western- und Naturfuim o.
Fahrst bloß Auto, nia mehr Radl,
schaugst koan Madl mehr auf d'Wadl.

Damit is erst klar erkenntlich,
daß ma alt werd – es is schändlich.
Weils'd dagegn nix toa konst, lach.
Und denk gar net drüber nach!

Heit möchat i fei wirklich nimma

Heit möchat i fei wirklich nimma,
wia damals als a kloana Bua,
im zwölf Grad kalten Wasser schwimma
im Freibad drunten, mia waar's gnua.

Im Gwaasch mit siebzehn, achtzehn Graderl,
da waar's mia aa scho sauber z'kalt.
An Krampf kriagat i in de Waderl,
i glaab, i wer' pfeigrad scho alt.

I stehat mi aa nimmer auffi
aufs Sprungbrettl, denn i hätt Angst,
i mach an Bauchrer, dann dasauf i,
und d'Leit taan lacha, naa, mia gaangst.

I taat a nimmermehr durch Bretter
ins Damennacktbad einelurn,
wia seinerzeit von uns a jeder,
jetzt is's vorbei, jetzt müaß ma spurn.

Bloß oans braacht i ganz gwiß no zamma
– dös woaß i auf'n Schlag genau –
auf'n Beton mein Bauch aufwaama.
Dös is's, was i mir grad no trau.

s'waar was für d'Leit. De taan mi sichten
und sagn: »Jetzt schaugts an Schreiber o!
Was nützt eahm den dös ganze dichten,
wenn er koan Stuhl sich leisten ko.«

Daweil waar dös für mi grad 's Schönste,
koa Liegestuhl waar mia Ersatz.
Ans Muster auf'm Bauch, da gwöhnst de!
Für mi waar dös der höchste Platz.

Es hat'n - er hat's - sie hat'n

Z'erst hat's 'n ghabt nach ihr,
dann hat er's ghabt mit ihr,
dann hat er s' kriagt statt mia.
(I dank halt schö dafür).
Jetzt hat s' 'n. Und dös wia.
Dös hat er jetzt dafür.

Heit auf d'Nacht

Heit auf d'Nacht, dös woaß i gwiß,
geh i hi zu meiner Lies,
bleib bei ihr bis in der Fruah
i – ihr Herz-Bua.

Bei ihr vergiß i allszamm,
traam die unbandigsten Traam,
kriag von de Traam gar net gnua,
i – ihr Herz-Bua.

Bal 's aber wieder so is,
daß mi net traama laßt, d'Lies,
na kaant scho sei, daß i d'Schuah
naahm und gaang zua.

A Hirnbatzl fürn Weps

Warum soll denn a Weps net aa lebn?
Drum hab i eahm bloß a leichts Hirnbatzl gebn,
wia er se auf'n Datschi naufgsessen hat.
Hab i mia denkt: Is doch himmeschad
für an so an schöna Weps.
Laß 'n doch ruhig naschen ebbs.
Naschen mia ja aa öfter ohne fragn;
wern mia desweng doch aa net glei daschlagn.
Warum dann a Weps? Bloß weils a Weps is?
Und weil der Mensch halt der Stärkere is?
Und dann: Er hat mia ja gar nix do!
Tua i eahm desweng halt aa nix o.
Aber da Weps hats Hirnbatzl falsch verstanden.
Scho kimmt er zruck und wui wieder landen.
Aber dösmal glatt auf meiner Nasn.
I wui an grad weggablasn,
da sticht er mi nei. Jetzt hab i'n scho dick.
Doch glei fliagt er weg. Und dös is sei Glück.
Weil: Hä'n an d'Flügel net glei weggatragn,
hätt i'n wahrscheinli do no daschlagn.

Wo is s' denn wieder?

»I habs doch grad no ghabt, es is zum Haar ausreißn,
i kon doch jetzt den Draht net mit de Zähn abbeißn.
Du, Annamirl, hast du de Zanga mir vazong,
oder hats gar der Bua mia wieder awebong?«
»Freili! Wenns du dei Zeig net aufraamst, na waarn's mia
de dir was gnomma hä'n. Wia kimmst ma denn du vüa?«
»Ja, Sakkra, da, vor meiner war's doch grad no gleng!«
»Dös ko scho sei, desweng brauchst doch net mi ofeng.
So paß hoit auf dei Werkzeig a weng besser auf;
da liegsts ja, schau hoit auf 'n oiden Kasten nauf.«
»Pfeigrad, wer hat denn bloß de Zanga da naufglegt?
Wahrscheinli hat s' da Bua wieder dahi vasteckt!«
«Da hört sich doch glei ois auf! Wo da Bua
und i seit letzten Mittwoch in da Fruah
gar nimmer in dei Zimmer kemma san,
da daadsd uns du oafach de Schuid odraahn.«
»Is ja scho guat, 's kon doch amoi passiern,
zwar gehts mia ned recht eini in mei Hirn,
aber wenn neamats da gwen is wia i,
na kon scho sei, daß's i halt gwesn bi.
Und teats mi bittschön jetzt ned weiter stör'n,
i möchat nämlich heit bald fertig wer'n.
Wer hat denn jetzt mein Maurerhammer gschnappt?
Grad hab i'n doch no neben meiner ghabt!

Du, Annamirl, hast du oder da Bua? . . .«
»Du lästigs Mannsbuid, laß ma jetzt mei Ruah.«
»Warum, es kaant doch sei, daß er, da Bua . . .«

Wenn i ...

Wenn i koan Schweinsbratn mehr mögat
wenn i koan Schwammerl mehr sehgat
wenn i koan Vogel mehr hörat
wenn mi a Stubnmusi störat
wenn mi koa Berg mehr oziagat
wenn i mi selber oliagat
wenn mi koa Liadl mehr rührat
wenn i koa Lüfterl mehr spürat
wenn i koan Kruag mehr daglangat
wenn i as Froaseln ofangat
wenn mi koa Viecherl mehr gfreiat
wenn i as Gringste bereuat
wenn mia koa Starkbier mehr schmeckat,
nacha werd's greisli, werd's dreckat.
Wenn i koan Vers mehr z'ammbraacht,
nacha – guat Nacht!

Beim Münchner Föhn

Wer jetzt net krank is, is net gsund
und d'Stimmung is ganz unten drunt.
Ma kimmt sich vor als wia a Bläda,
da huift bloß oans – a anders Weda!

Wenn des koa Zuafoi is!

Neilings fahr i umra viere
vo da Arbat hoam. Und wiari
grad aufs Gas tritt, haut dersei,
der vor mir fahrt, Bremsen nei.
Weil er links vo eahm a Lucka
gsehng hat – grad zum einedrucka.
I auf Brems, doch glangts halt net;
scho hat's gschäwat, ois war z'spät.
d'Polizei sagt, Stirn in Falten:
»Sie ham z'wene Abstand ghaltn.
Schuid san Sie auf alle Fälle,
mach ma's desweng auf de Schnelle.
Tean ma net lang umananda,
einigts Eich glei untrananda.
Des is 's Beste für Euch Gscheide,
gfahrn seids alle zwoa recht schneide.«
Mir war freili net zum Lacha,
aber was wuist da scho macha?
s'Auterl war in knapp drei Wocha
grad wieda wia aussagstocha.
Nagelnei hats wieder hergschaut,
doch da Preis hätt mi bald umghaut.
Fast wia nei – des is koa Trost,
's hat ma glatt neun »Blaue« kost!

Gestern wieda umra viere,
fahr pomade i – net stiere,
d' Ludwigstraß nach Schwabing naus.
Ja, um Gotteswuin, oh Graus!
Laaft a Hund – er hat koan Laut do –
kerzengrad mia rei ins Auto.
I auf Brems, da Hund – i lach,
saust davo. Da tuats an Krach.
Fahrt mia net a so a Gläzn
hinten nauf. I wia a Brezn
da und siech eahm – einen Grant!
War mir doch der Mensch bekannt.
War's net *er*, der damisch Socka,
wo vor drei Woch' zwengs da Lucka
Brems neighaut hat und wo i
eahm dann hinten auffe bi.
Er schaugt mi o, i auf eahm.
Gschaugt ham ma oi zwoa recht zeam.
»San Sie net dersei, der wo
neilings« – »Ja, der bin i scho«,
sag i, »und jetzt san ma quitt.
I hätt bloß de oane Bitt,
teans ma doch den großen Gfalln
und ziahngs weg bis nach St. Galln,
daß i Eahna nia mehr siech,
's nächstmal werats fürchterlich!«

Da huift ois nix

Weil i ois vergiß in letzter Zeit
und selm gspannt hab, es fehlt ziemlich weit,
bin i doch amoi zum Dokta groast.
Der schaugt mir in d'Augn und sagt dann: »Woaßt,
älter wer'n mia halt schö staad, hast ghört.
Doch i gib dir was, daß's bessa werd.«

Nach acht Wochn triff i 'n auf der Straß.
»Geht's scho wieda«, fragt er, »fehlt no was?«
»Leider«, sag i, »'s is no oiwei gleich.
Und daß 's schlechter werd, is, was i scheich.«
»No net bessa«, moant er, »dös is schlimm.«
»Schlimm is«, sag i drauf, »weil i vergiß,
daß i dei Medizin einimm.«

’s Schwammerlfiaba

Daß i ’s sag, vo alle Fiaba,
is ma dös as allerliaba.
Kaam is ’s Juli, packt’s mi scho,
greifts mi oafach narrisch o.
Wedats, dampfets und is ’s schwui,
hab i scho dös gwiße Gfui,
daß jetzt Puisterl aussaschiaßn,
Reherl, Täuberl wachsen müassen.
Koana kon mi jetzt no halten,
net de Junga, net de Alten.
Nächsten Samstag pack i ’s gaach
und fahr ’naus nach Sauerlach.
Und da renn und schliaf und kriach i
nei ins Holz – und Puisterl riach i.
Hab i nacha oa dableit,
gibt’s ganz gwiß koa größre Freid.
Und san s’ no dazua buidschö,
bleibt ma schier as Herz glei steh.
Ganz behutsam schneid i s’ weg
und merk ma genau den Fleck.
Zoags dahoam dann voller Stolz
her und sag: »I war im Holz.«
Und sagn d’Leut: »Respekt mei Liaba«,
sag i drauf: »Mei, ’s Schwammerlfiaba!«

Dös möchats ihr Brüada

Als a Bua a Dreigangradl
später dann a saubers Madl,
dann Erfolg, an Haufen Geld,
umanandfahrn in der Welt.
Net vui arba'n, vui verdiena,
doch net gelten als Schlawiner.

A Familie, wo a Mo
jederzeit drauf stolz sei ko.
Zwoa, drei Häuser im Tessin,
ab und zua an Lottogwinn.
Freiheit, nixn dreiredn lassn,
ab und zua mal aussegrasn.

Doch vom Kranksei möchts nix hör'n –
möchts gsund hundert Jahr alt wer'n.
Und no drüber naus – wenns geht.
Ja, bläd seids ihr wirklich net.

Preißns Gloria in der Ludwigstraß'

Wenn am ersten Oktoberfest-Sonntag
beim Trachtenzug in der Ludwigstraß'
bei 'am weiß-blauen Himmi
mitten beim Zwölfeleitn
a Münchner Blaskapelln
an »Preißns Gloria« spuit –
da kon ma do wirklich net sagn,
daß mia Preißn net mögn.
Oder?

D' Wiesn derf ma net vasaama

Was a echter Münchner is,
kennst an folgendem ganz gwiß:
»Heier«, sagt der Lindner Gust,
»hab auf d'Wiesn i koa Lust.
Naa – i muaß ganz ehrlich sagn,
i kon's nimmer so vertragn.
Dös Geschrei! De Menschenmassen!
Und de schlecht ei'gschenkten Maßen!
Dös Geschiabe! Dös Gedudl!
Und jedsmal an saubern »Strudl«.
Dann dös laute Musispuin!
Naa – beim allerbesten Wuin,
i mag nimmer aussegeh;
i find's oafach nimmer schö.«

Wer is aber alle Tag
auf der Wiesn? Und wer mag,
wenns recht durchananda geht!
Und wer singt und halt a Red?
Er, der guate Lindner Gust.
Und er sagt aus voller Brust:
»d'Wiesn derf ma nia vasaama.
Jeder Münchner soll sich schaama,
der net auf der Wiesn is.
Denn dös oane is doch gwiß:

So a Musi, so vui Leit,
findst so leicht net weit und breit.
Und aa ei'gschenkt is grad recht.
Aa a Rausch is gar net schlecht.
Oans is jedenfalls ganz klar:
I wart heit scho aufs nächst' Jahr.

De modernen Bauern

Nächsten Samstag fahr ma 'naus aufs Land,
daß ma de Verwandten wieder bsuacha.
Ham 'an großen Bauernhof beinand,
muaßt im ganzen Gäu fei weit rumsuacha.

Ham Maschinen – alle hochmodern,
zwoa Mercedes und an Ford fürs Deandl,
sehng nadierle aa in Farbe fern,
ernten jährlich 1000 Tonnen Körndl.

Ham a hundert Stückl Viech im Stall
und a Bar zum Sekt und Whisky tringa,
und an Lachs und Kaviar nach Wahl.
Aber 's Gräucherte, dös müassn mia mitbringa!

Alle reden s' bloß

Alle redn s' bloß, was ma müaßat,
was ma sündigt, wenn ma s' liaßat.
Aber toa, wer tuats denn nachat?
Neamads! Weils a Arbat machat
und weils Zeit kost, de bemessen. –
Zumal – hat ma s' morgn vergessen –.

Da ham s' koa Geld

Zum Meeresgrund fahrn s' 'na,
zum Mond fahrn s' 'nauf –
und Milliarden Gelder genga drauf;
für Arme, Kranke aber ham s' koa Geld.
Is dös net fürchterlich auf dera Welt?

Umsonst de Hetzerei

A Mensch der oiwei treibt und hetzt,
der merkt halt aa zu guter Letzt,
daß dös, was er hat vorwärts triebn,
bei andre Leit is hänga bliebn.
So daß die ganze Hetzerei
umsunst war. Und er denkt: O mei!
Nia mehr so hetzen ohne Not. –
Kaam hat er's denkt, da war er tot.

A jeder machts so wia er wui

Möchst'as net glaam, es gibt fei Leit,
de ham am Arba'n glatt a Freid.
Und Frauen gibt's genau wia Männa,
de g'frein se bloß, wenns arba'n könna.

Dann wiederum – de andre Rass'
hat an da Arbat gar koan Spaß.
De drucka se scho vo da Weitn,
a Arbat kon eah' nix bedeitn.

De oan sich vo de andern denga:
Was de wohl unterm Lebn vastenga!

A jeder machts so wia er wui.
A jeder hat sei eigens Zui.
Sofern er überhaupt oans hat.
Und um dössell da gehts ja grad.

De Junga

Was habts denn oiwei mit de Junga,
hat Eich net früher aa oft gstunga,
weil's auf der Welt so ungerecht
is und weil d'Leit halt gar so schlecht.

De Junga deiten hi wo's fehlt;
sie denka weniger ans Geld!
Drum bin i für de junga Leit.
Es liegt alloa an uns, wenns feit!

I möchat mit koam Menschen tauschen

Auf irgendam Berggipfe sitzen,
(a weni unterhalb, weils net so ziagt;)
verschnaufa und erholn vom Schwitzen
und dann a Brotzeit, weil ma Hunger kriagt.

Da Himme über oam, wia Seidn,
a siebn, acht Gamsen springa drent im Kar.
An Wasserfoi hörst von der Weitn,
a Felsschlag donnert, doch es bsteht koa Gfahr.

Vom Tal hörst Tanna mächtig rauschen,
a Dreierseilschaft klettert im Kamin.
Jetzt möcht i mit koam Menschen tauschen,
a so a Tag der macht oan reich und zfriedn.

Und denkst: Wia d'Leit sich oft benehma!
Sich fuin! Und moana gar, was sie scho san.
Am Gipfe drobn da lernt ma kenna,
daß d'Menschen ja so unbedeutend san.

De dritten Zähn

Jetzt hab i endlich meine Zähn!
Dös is vielleicht a Gaude gwe'n!
Dös Spritzen, Schleifa, Bohrn, Poliern,
dös ziahgt und sticht und spürst im Hirn.
Doch schö san 's wor'n und guat schaun'gs aus.
Zwar is mei ganzes Gerschdl drauß,
doch kon i endlich wieder lacha
und s'Mäu beim Singa weit aufmacha.
Ganz fesch bin i wieder beinand.
Jetzt – wenn i aa no beißen kaant!!

Mit fünfzig Jahren

Erfreulich ist, man ist mit Fünfzig
grad in dem Alter, wo man richtig zünftig.
Man ist jetzt reif, die Welt zu sehn
wie s' ist – und findet's trotzdem schön.
Man denkt jetzt öfter drüber nach –
Was soll's? Und tut nicht mehr so gaach.
Man wägt jetzt ab Erfolg, Gesundheit,
man steckt das Ziel nicht mehr so weit.
Man ist zwar älter, doch nicht alt.
Zwar ist man kälter, doch nicht kalt.
Im besten Alter ist man halt.
So reden Freunde es uns ein.
Nun gut, dann wird es wohl so sein.
Auf jeden Fall ist man so klug
zu wissen, daß derselbe Zug
in dem man sitzt, wie rasend fährt
und daß die Reise dann nur wert,
wenn man versucht, auf dieser Fahrt
in einer menschlich feinen Art
den Mitreisenden Freund zu sein –
Und hierin liegt das Glück allein.

Wer dies erkennt mit fünfzig Jahren,
soll eine lange Zeit im Zug noch fahren.

Mei, waar dös schö

Mei, waar dös schö, wenn oiwei
alle freindli waan

und wenn sa se net wega jedem
Schmarrn glei ärgern taan.

Wenns oiwei alle lachatn und froh
und lustig waan.

Wenns net glei schimpfatn und plärrn
und aufdraahn taan.

Und wenns halt oiwei alle a weng denka taan
wia schö daß 's waar, wenns oiwei alle a so waan.

Mei, dös waar schö!

Staad müaßats halt vui öfter sei

Staad müaßats halt vui öfter sei.
Ganz staad, dös waar halt so vui fei.
Weil ma beim Staadsei zu sich findt,
grad so wia früher, ois a Kind.
Da hat ma stundenlang alloa
in Himme eine traamt. Mit Stoa,
mit Erdn, Sand im Gras sich gspuit
und dabei oft was bsonders gfuit.
d'Natur in ihrer vollen Kraft
und wer wohl all dös Schöne gschafft!
Es fallert oan scho wieder ei.
Staad müaßats halt vui öfter sei.

Kurz is as Lebn

Kurz is as Lebn – is 's no so lang –
und 's kriagt bloß dann den rechten Klang,
wenn ma mit Freid as Leben lebt,
as Guate, Schöne bloß ostrebt.
Wenn ma Geduld hat mit de Leit
und oiwei wieder alls verzeiht.
Wenn ma in Frieden lebt; bereit
zu Freundschaft und zu Fröhlichkeit.
Dann hat ma 's Leben richtig glebt
und werd in Himme eineghebt.

Advent

Es schneibt ganz leicht und fei.
Jetzt werd's bald Weihnacht sei.
d'Sträucher und Baam – mitnand
schlupfa s' ins Wintergwand.
d'Erden möcht ihra Ruah,
und deckt mit Schnee sich zua.
d'Straßn und d'Weg san bald
zuagschneibt wia d'Steig im Wald.
Hörst vo da Weit' her G'läut.
Spürst scho de heili Zeit.
Siehgst scho wia Kinderaugn
glänzn am Weihnachtsbaum.
Hast scho dös Liad im Ohr
vom Gruaber und vom Mohr.
s'Liad, dös uns friedli macht,
s'Liad, vo der stillen Nacht.
Fuist, wia im Jahr sunst net,
wia Zeit und 's Lebn vageht.
Woaßt, d'Welt waar no so schö,
taan sich halt d'Leut vasteh.
Fragst nach'm Sinn vom Lebn!
Was werds wohl nachher gebn?
Denkst, daß auf dera Welt
oft bloß as Geld no zählt.

Daß sovui arm und krank,
und 's Geld liegt auf der Bank.
Hoffst, daß's net schlechter werd.
Wünscht, daß alls waar, wia's 's ghört.
Merkst wia as Staadsei tuat!
Staadsei is sovui guat.

Es schneibt ganz leicht und fei.
Jetzt werds bald Weihnacht sei.

Totenbitte

Teats uns fei net ganz vagessn,
bsuachts uns halt diamoi im Jahr.
Denkts wia mia beinanda gsessn,
denkts an dös was aamoi war.

Möchtn doch mit Eich no lacha,
taatn so gern mit Eich dischkriern;
oft fragn ma, was werdn s' jetzt macha,
wenn ma so dahisinniern.

Is 's denn z'vui was mir valanga?
's Lebn vergeht so schnell, schauts her!
Rackern, schuften, was daglanga,
– aus is – plötzlich seids neambd mehr.

Dann liegts aa im Friedhof drauß'n,
staad is's und koa Mensch mehr kimmt.
Müaßts alloanigs weiterhaus'n,
neambd für Eich sich Zeit mehr nimmt.

Dös is hart und tuat arg schmerzen.
Werds es scho no inne wer'n,
wenn ma Zeitlang hat von Herzen
und ma kriagt neamd z'sehng und z'hörn.

Teats uns drum net ganz vagessn,
bsuachts uns halt diamoi im Jahr.
Denkts wia mia beinanda gsessn,
denkts an dös was aamoi war.

ERSCHIENEN BEI R. S. SCHULZ

Frank Arnau, Der Fall Jaccoud		**DM 22,—**
Frank Arnau, WATERGATE – Der Sumpf		**DM 9,80**
Dr. med. Max Bajog, Wer raucht, denkt nicht – wer denkt, raucht nicht		**DM 5,80**
João Bethencourt, Der Tag, an dem der Papst gekidnappt wurde		**DM 9,80**
Gudula Blau, NESSY		**DM 18,—**
Manfred Bockelmann, Magic Hollywood		**DM 38,—**
Claus E. Boetzkes, Scheintot begraben		**DM 9,80**
Wolfgang Bruhn, Die guten Preußen		**DM 28,—**
Dittmar/Legal, Die Frau in den Wechseljahren		**DM 22,80**
Dittmar/Legal, Die Gesundheit des Mädchens		**DM 22,80**
Dittmar/Legal, Die reife Frau		**DM 22,80**
Dittmar/Legal, Die Mutterschaft		**DM 22,80**
Werner Egk, Die Zeit wartet nicht		**DM 25,—**
Anneliese Fleyenschmidt, Wir sind auf Sendung		**DM 19,80**
Rolf Gaïl, Der Dampfwolf		**DM 12,80**
Indira Gandhi, Indira Gandhi spricht		**DM 22,—**
Valeska Gert, Katze von Kampen		**DM 14,80**
Michael Graeter, WER IST WAS in München		**DM 9,80**
Michael Graeter, LEUTE Band I und II	je	**DM 69,—**
Erich Helmensdorfer, Die große Überquerung		**DM 12,80**
Erich Helmensdorfer, Westlich von Suez		**DM 26,—**
Erich Helmensdorfer, Hartöstlich von Suez		**DM 22,80**
Otto Hiebl, Immer wieder München	Brosch.	**DM 9,80**
	Leinen	**DM 14,80**

ERSCHIENEN BEI R. S. SCHULZ

Georg Lohmeier, Geschichten für den Komödienstadel	DM 19,80
Angelika Mechtel, Ein Plädoyer für uns	DM 25,—
Angelika Mechtel, Die Blindgängerin	DM 25,—
Angelika Mechtel, Das gläserne Paradies	DM 25,—
Angelika Mechtel, Friß Vogel	DM 25,—
Peter de Mendelssohn, Das Gedächtnis der Zeit	DM 25,—
Werner Meyer, Götterdämmerung	DM 22,—
Werner Meyer / Carl Schmidt-Polex, Schwarzer Oktober – 17 Tage Krieg um Israel	DM 9,80
Peter Norden, Das Recht der Frau auf zwei Männer	DM 16,80
Erik Ode, Der Kommissar und ich	DM 25,—
Heinz Piontek, Dunkelkammerspiel	DM 14,80
Heinz Piontek, Leben mit Wörtern	DM 19,80
Birte Pröttel, Ein Zwilling kommt selten allein	DM 9,80
Herbert Reinecker, Feuer am Ende des Tunnels	DM 25,—
Herbert Reinecker, Das Mädchen von Hongkong	DM 19,80
Hans Riehl, Als Deutschland in Scherben fiel	DM 9,80
Luise Rinser, Wenn die Wale kämpfen	DM 16,80
Luise Rinser, Dem Tode geweiht?	DM 25,—
Luise Rinser, Wie, wenn wir ärmer würden	DM 16,80
Luise Rinser, Hochzeit der Widersprüche	DM 21,—
Johannes Rüber, Wer zählt die Tage	DM 19,80
J. L. Salcedo-Bastardo, Simón Bolívar	DM 19,80
Jürgen v. Scheidt, Der geworfene Stein	DM 25,—

ERSCHIENEN BEI R. S. SCHULZ

Karlfriedrich Scherer, Alter(n) ohne Angst	**DM 9,80**
Karlfriedrich Scherer, Essen + Trinken DM 250,– monatlich für eine Familie mit einem Kind	**DM 9,80**
Peter Schmidsberger, Skandal Herzinfarkt	**DM 25,—**
Franz Schneider, Der Baum der Erkenntnis	**DM 9,80**
Rolf S. Schulz, Die soziale und rechtliche Verpflichtung des Verlegers	**DM 7,80**
Hannelore Schütz / Ursula v. Kardorff, Die dressierte Frau	**DM 14,80**
Dieter Sinn, Besondere Kennzeichen: Augen katzengrün	**DM 25,—**
Sigi Sommer, Das gabs nur einmal	**DM 23,—**
Sigi Sommer, Das kommt nie wieder	**DM 23,—**
Monika Sperr, Die dressierten Eltern	**DM 16,80**
Jean Starobinski, Besessenheit und Exorzismus	**DM 12,80**
Josef Steidle, So is as Lebn	**DM 9,80**
Josef Steidle, I sag's wia's is	**DM 9,80**
Helene Thimig-Reinhardt, Wie Max Reinhardt lebte	**DM 26,—**
Karin Tietze-Ludwig, Zusatzzahl 13	**DM 9,80**
Luise Ullrich, Komm auf die Schaukel Luise Balance eines Lebens	**DM 25,—**
Emil Vierlinger, Prost Salvator	**DM 14,80**
Gerhard Zwerenz, Ein fröhliches Leben in der Wüste	**DM 23,—**
Gerhard Zwerenz, Wozu das ganze Theater	**DM 23,—**

ERSCHIENEN BEI R. S. SCHULZ

Georg Lohmeier, Geschichten für den Komödienstadel	**DM 19,80**
Angelika Mechtel, Ein Plädoyer für uns	**DM 25,—**
Angelika Mechtel, Die Blindgängerin	**DM 25,—**
Angelika Mechtel, Das gläserne Paradies	**DM 25,—**
Angelika Mechtel, Friß Vogel	**DM 25,—**
Peter de Mendelssohn, Das Gedächtnis der Zeit	**DM 25,—**
Werner Meyer, Götterdämmerung	**DM 22,—**
Werner Meyer / Carl Schmidt-Polex, Schwarzer Oktober – 17 Tage Krieg um Israel	**DM 9,80**
Peter Norden, Das Recht der Frau auf zwei Männer	**DM 16,80**
Erik Ode, Der Kommissar und ich	**DM 25,—**
Heinz Piontek, Dunkelkammerspiel	**DM 14,80**
Heinz Piontek, Leben mit Wörtern	**DM 19,80**
Birte Pröttel, Ein Zwilling kommt selten allein	**DM 9,80**
Herbert Reinecker, Feuer am Ende des Tunnels	**DM 25,—**
Herbert Reinecker, Das Mädchen von Hongkong	**DM 19,80**
Hans Riehl, Als Deutschland in Scherben fiel	**DM 9,80**
Luise Rinser, Wenn die Wale kämpfen	**DM 16,80**
Luise Rinser, Dem Tode geweiht?	**DM 25,—**
Luise Rinser, Wie, wenn wir ärmer würden	**DM 16,80**
Luise Rinser, Hochzeit der Widersprüche	**DM 21,—**
Johannes Rüber, Wer zählt die Tage	**DM 19,80**
J. L. Salcedo-Bastardo, Simón Bolívar	**DM 19,80**
Jürgen v. Scheidt, Der geworfene Stein	**DM 25,—**